D0503584

Mamíferos colosales

EDICIÓN PATHFINDER

Por Beth Geiger

CONTENIDO

Mamíferos colosales

Hace mucho tiempo, la Tierra tiritaba durante la Edad de Hielo. Y había animales enormes que recorrían el planeta.

〰〰〰〰 Por Beth Geiger 〰〰〰〰

Imagina salir de tu casa y ver un castor de 400 libras con dientes de seis pulgadas de longitud. O ver un perezoso gigante alimentándose de las copas de los árboles. O ver pasar una manada de mamuts lanudos.

Suena increíble, ¿no es cierto? Pero estos animales eran reales. Vivieron entre dos millones y diez mil años atrás.

El gran frío

Esos animales vivieron cuando la Tierra era mucho más fría. Esa época se llama Edad de Hielo.

Las causas del gran frío son un misterio. Los científicos tienen muchas ideas. Muchos dicen que la **órbita** de la Tierra, o el recorrido alrededor del Sol, cambió. Como consecuencia, llegaba menos luz solar al mundo.

El cambio de órbita fue pequeño. Pero marcó una gran diferencia en el **clima** de la Tierra. Es decir, en el patrón meteorológico, durante un período prolongado.

Las temperaturas descendieron. La nieve y el hielo se apilaron, formando **glaciares**. Esas enormes placas de hielo cubrieron gran parte del hemisferio Norte. Las plantas no podían crecer en el hielo. Muy pocos animales vivían allí.

Las áreas cercanas a los glaciares eran demasiado frías para la mayoría de los seres vivos. Más alejadas, sin embargo, algunas zonas eran un poco más cálidas. Estas áreas rebosaban de vida.

Un felino fantástico

Muchos animales vivían en las áreas más cálidas y alejadas de los glaciares. Muchos eran **mamíferos** gigantes. Uno de los animales más feroces era el tigre dientes de sable. Tenía colmillos que sobresalían siete pulgadas por debajo de su mandíbula.

Este gatito pesaba casi 700 libras. Un tigre dientes de sable era demasiado grande para perseguir a sus presas. En lugar de eso, el fantástico felino esperaba que la cena llegara hasta él.

Cuando el feroz felino veía una presa cerca, saltaba. Entonces, el tigre dientes de sable usaba sus largos y afilados colmillos como dagas. Los colmillos atravesaban a la presa. Podían llegar a abrirle el vientre a un mamut lanudo.

Al acecho. *Tigres de dientes de sable atacan a un perezoso. Estas eran dos de las muchas criaturas que vivían en las praderas durante la Edad de Hielo*

¿Dónde estaban los glaciares?

Este mapa muestra los hábitats durante la Edad de Hielo.

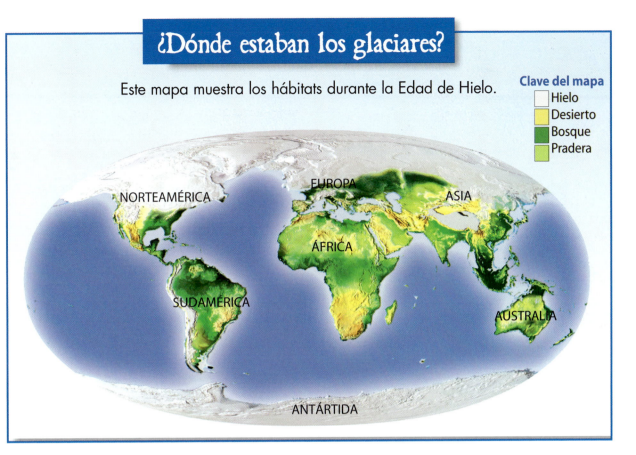

NORTEAMÉRICA
EUROPA
ASIA
ÁFRICA
SUDAMÉRICA
AUSTRALIA
ANTÁRTIDA

Lanudo y calentito

Uno de los animales más grandes de la Edad de Hielo era el mamut lanudo. Vivía en las llanuras frías y sin árboles llamadas **tundras**. Los mamuts eran parecidos a sus parientes modernos: los elefantes.

Los mamuts lanudos estaban bien adaptados para la vida en zonas frías. Tenían pelo de tres pies de largo. Les cubría hasta los dedos de las patas. Debajo del pelaje tenían una manta de lana cálida y rizada. Y debajo de la piel tenían una gruesa capa de grasa. El pelo, la lana y la grasa mantenían calientes a estos inmensos animales.

Estos animales gigantescos tenían colmillos largos y curvados. Cada uno medía más de diez pies de largo. Los colmillos eran ideales para apartar la nieve del camino.

Se podría pensar que esos colmillos eran fantásticos para atacar a las presas. Pero los mamuts no comían carne. En lugar de ello, se atiborraban de pastos y plantas de la tundra.

Los mamuts vivieron primero en África. Desde allí se extendieron a otros continentes. Vagaron por Europa, Asia y Norteamérica.

Pueblos de la Edad de Hielo

Los animales no fueron los únicos seres vivos que recorrieron el mundo durante la Edad de Hielo. Había personas que vivieron a la par de estas bestias colosales.

Estas personas de la antigüedad usaban lanzas para cazar a los animales más grandes. Comían filetes de mamut. Se envolvían en pieles de animales para mantenerse abrigadas. Y construían casas con los huesos y los colmillos de mamut.

Pinturas y fósiles

Las personas de la Edad de Hielo pintaban imágenes realistas en las paredes de las cavernas. Estas hermosas pinturas rupestres muestran cómo eran algunos animales. Algunas de las pinturas muestran bisontes gigantes y mamuts.

También podemos obtener información sobre los animales de la Edad de Hielo a través de los fósiles. Son los restos de animales y plantas muertos. Se han encontrado fósiles de animales de la Edad de Hielo en todo el mundo.

Algunos de los fósiles más famosos provienen de los pozos de alquitrán de La Brea. Están en Los Ángeles, California. Hace muchísimo tiempo, los animales de la Edad de Hielo cayeron en los pozos de alquitrán y murieron. El alquitrán de los pozos conservó los huesos de los animales.

Se han encontrado otros fósiles congelados en el suelo. En 1977, el operador de una topadora desenterró a un bebé de mamut congelado en Siberia. Es el mejor ejemplar que se ha hallado.

La situación se caldea

Todo marchaba sobre ruedas para los animales de la Edad de Hielo. Entonces, hace aproximadamente 10.000 años, algo sucedió. La Tierra se calentó. Muchas de las criaturas murieron, o se extinguieron.

¿Qué sucedió? Nadie lo sabe. Tal vez, cuando cambió el clima, desaparecieron las comidas favoritas de los animales. O tal vez las personas cazaron

Helados hasta los huesos.
Las personas de la Edad de Hielo usaban colmillos de mamut para construir casas. Los colmillos sostienen una carpa de pieles de animales.

demasiados animales. También es posible que los animales murieran a causa de enfermedades.

Una cosa es segura. Había terminado la Edad de Hielo. Estos animales gigantescos desaparecieron. Los vientos cálidos derritieron el hielo y llevaron las semillas de las plantas a tierras que antes habían estado congeladas. Pronto nuevos animales se mudaron a esas zonas. La vida siguió su curso. Pero ya nunca sería igual.

 ¿Qué animal de la Edad de Hielo te gusta más? ¿Por qué te parece genial?

Vocabulario

clima: patrón meteorológico durante un período prolongado

glaciar: manto de hielo gigante

mamífero: animal de sangre caliente que alimenta a sus crías con leche

órbita: recorrido alrededor de un objeto en el espacio

tundra: llanura fría y sin árboles

Te presentamos a los animales

Los tigres dientes de sable y los mamuts eran solo dos de muchos animales extraños que vivieron durante la Edad de Hielo. Muchos eran gigantes. Otros solo tenían un aspecto extraño. Aquí hay algunos ejemplos de estas criaturas increíbles.

Gliptodonte Parecía un armadillo gigante. Medía diez pies de largo y casi cinco pies de alto. El cuerpo del gliptodonte estaba recubierto de placas acorazadas. Incluso tenía un escudo en la frente.

Perezoso gigante Tenía el tamaño aproximado de un elefante moderno. Probablemente se alimentaba de pasto y ramas bajas de los árboles.

Titanis Era un ave que no volaba. Tenía un pico peligroso y le gustaba la carne fresca. Con casi diez pies de altura, podía correr a 40 millas por hora.

7

Mamíferos

Compara los siguientes animales de la Edad de Hielo con sus parientes modernos.

- ¿Qué pares están relacionados?
- ¿En qué se parecen los animales?
- ¿En qué se diferencian?

Mamut lanudo, página 6

Perezoso gigante, página 7

Tigre dientes de sable, página 4

Tigre

Los tigres son los miembros más grandes de la familia de los felinos. Algunos tigres pesan más de 500 libras. Tienen mandíbulas poderosas y colmillos afilados. Las patas largas y musculosas les permiten correr a gran velocidad para cazar a sus presas. Los tigres están entre los animales en mayor peligro de extinción en la actualidad. Los únicos tigres que quedan en estado silvestre se pueden encontrar en Asia.

actuales y antiguos

Elefante

Hay dos clases de elefantes, los africanos y los asiáticos. Estos animales con grandes orejas y largos colmillos son los animales terrestres más grandes con vida en la actualidad. ¡Un elefante macho adulto puede llegar a pesar más de 13.000 libras! Los elefantes caminan hasta 35 millas por día en busca de agua y comida. Se alimentan mayormente de hojas, ramas y frutas. Los elefantes pueden vivir hasta 60 años.

Perezoso

Este mamífero tímido y de movimientos lentos vive en los árboles de América Central y Sudamérica. Los perezosos crecen hasta aproximadamente tres pies de longitud. Ese es el tamaño aproximado de un perro mediano. Los perezosos pasan toda la vida alejados del suelo. Comen, duermen y se desplazan por los árboles. Sus garras largas y curvas les permiten colgar cabeza abajo de las ramas.

¿Adónde s

Durante la Edad de Hielo, Norteamérica albergó a muchos animales extraños y maravillosos. Ahora la mayoría de esos animales está extinta. ¿Qué les sucedió? Los científicos creen que muchos animales de la Edad de Hielo desaparecieron rápidamente. Tienen varias ideas, o teorías, sobre por qué sucedió esto.

Tiempos cambiantes

Una teoría es que el clima de la Tierra cambió. Pasó de helado y frío a cálido y seco. Los científicos creen que estos cambios fueron rápidos. Para sobrevivir, los animales de la Edad de Hielo debían adaptarse al clima más cálido. Pero es posible que algunos animales no pudieran adaptarse con rapidez. Por eso se extinguieron.

Otros científicos creen que la culpa es de las personas. Los seres humanos comenzaron a vivir en Norteamérica aproximadamente al mismo tiempo que se comenzaron a extinguir los animales. Tal vez los cazadores humanos terminaron por exterminarlos.

Sobreviviendo a la Edad de Hielo

Estas son solo dos teorías. Los científicos no saben qué ocurrió exactamente ni por qué. Pero una cosa está clara. No todos los animales de la Edad de Hielo se extinguieron. Algunos fueron capaces de sobrevivir a los cambios que se produjeron en la Tierra.

En la actualidad, algunos de sus parientes todavía viven en África. Estos sobrevivientes nos dan pistas sobre la vida en la Edad de Hielo. Nos ayudan a averiguar por qué algunos animales se extinguieron. También muestran de qué manera algunos pudieron adaptarse y sobrevivir.

fueron?

Sobrevivientes de la Edad de Hielo.
En la actualidad, los rinocerontes viven en las praderas cálidas de África. Sus ancestros sobrevivieron a la Edad de Hielo.

Edad de Hielo

¿Qué hechos refrescantes aprendiste sobre la Edad de Hielo?

1 ¿Qué fue la Edad de Hielo?

2 ¿Cuándo terminó la Edad de Hielo? ¿Qué pudo haber hecho que terminara?

3 ¿Cómo aprenden los científicos sobre la Edad de Hielo?

4 ¿Qué animales de la actualidad se parecen a los animales de la Edad de Hielo? ¿En qué se parecen?

5 ¿Qué piensan los científicos que sucedió con los animales de la Edad de Hielo en América?